RÉPUBLIQUE FRANÇAISE.

Conseil d'État.

CONCOURS POUR L'AUDITORAT

ouvert le 25 juin 1849.

Épreuve Écrite.

Léon Charles CHEVALIER,

LICENCIÉ EN DROIT.

PARIS

IMPRIMERIE CENTRALE DE NAPOLÉON CHAIX ET Cᵉ, RUE BERGÈRE, 20.

1849.

JUGES DU CONCOURS :

MM.

BOULATIGNIER, conseiller d'État, Président;
MARCHAND, conseiller d'État;
CARTERET, idem;
PARAVEY, idem;
J. BOULAY (de la Meurthe), idem;
REVERCHON, maître des requêtes;
DUBOIS, idem.

Indiquer le système adopté par l'Assemblée constituante de 1789 pour les revenus publics, en faisant connaître sur quels principes politiques et économiques reposait ce système; quelles étaient les différentes natures de revenus et leurs produits. — Indiquer de la même manière quel était, au 1er janvier 1848, notre système de revenus publics, en montrant comment il différait de celui que l'Assemblée constituante avait adopté.

PREMIÈRE PARTIE.

Système des revenus publics adopté par l'Assemblée constituante.

Lorsque la révolution de 1789 éclata, la situation financière de la France était déplorable. Les choses en étaient arrivées à ce point que le ministre Calonne, dans un rapport adressé à Louis XVI, s'était vu forcé, en reconnaissant un déficit de 114 millions, de déclarer « qu'il était impossible d'effacer l'excédant des dépenses sur les recettes, sans la réforme de tout ce qui existait de vicieux dans la constitution de l'Etat. » Le gouvernement, après bien des hésitations, bien des délais, convoqua les États-généraux, dans l'espoir que cette assemblée se bornerait à voter des subsides et à opérer des réformes de détail. Mais les représentants de la nation comprirent tout ce que leur imposaient les besoins du pays et la grandeur des circonstances; ils ne reformèrent pas, ils refirent tout : lois, finances, administration.

Les doléances des provinces présentées pour obtenir une réforme générale attaquaient principalement les vices de notre ancien système de finances : aussi, les efforts de l'Assemblée constituante se dirigèrent-ils d'abord vers l'amélioration de cette partie essentielle du gouvernement, qui se liait si étroitement à la prospérité publique.

La tâche n'était pas aisée. Le trésor public accusait un déficit dont on n'a jamais pu bien exactement vérifier l'importance; les sources de la fortune publique étaient taries. Recourir aux sources extraordinaires était devenu impossible, après l'absorption en dix années de 1,600 millions obtenus au moyen d'emprunts, de rentes, de créations d'offices. Quant aux revenus ordinaires, ils ne donnaient qu'un produit aussi faible que mal perçu. En effet, le domaine de la couronne, que des causes incessantes d'accroissement, comme les droits d'aubaine, les confiscations, auraient dû toujours augmenter, avait au contraire diminué de jour en jour, par suite d'aliénations que plusieurs lois avaient été impuissantes à arrêter. L'arbitraire seul présidait à l'assiette de l'impôt, dont la répartition offrait de monstrueuses inégalités : les deux tiers des terres appartenaient au clergé et à la noblesse, qui profitaient de leurs priviléges pour s'exempter de toute charge, tandis que l'autre tiers possédé par le peuple était surchargé d'impositions de toutes natures : impôts au roi, droits féodaux à la noblesse, dîme au clergé.

Toutes ces contributions n'avaient pas même pour excuse la nécessité du moment, car elles profitaient peu au trésor public. Il est facile de s'en rendre compte en parcourant la série des impôts que l'Assemblée constituante trouva établis; ils formaient cinq classes principales :

1° Les impositions directes, telles que dîmes, tailles, vingtièmes, capitation;

2° Les impositions de monopole et de privilége exclusif, tels que droits sur les boissons, gabelle, etc.;

3° Les impositions à l'exercice, tels que droits d'aides, de marques, etc.;

4° Les impositions sur le transport des marchandises, comprenant les douanes et les péages entre provinces, etc. ;

5° Enfin les impositions sur les actes, telles que droits de greffe, de contrôle, etc.

Ces impositions rapportaient 880 millions, auxquels il faut ajouter la masse des droits féodaux; le tout peut être évalué à plus de 1,200 millions de livres; mais à peine 510 millions étaient levés au nom du Roi. Les frais de régie, les rentes, les intérêts des cautionnements en enlevaient 300 millions; les pensions sur le trésor, 27 millions; l'État ne touchait pas 200 millions de livres.

Nous ne parlons pas ici du désordre qui régnait dans les dépenses, ni de l'anarchie de la comptabilité publique. Ces deux branches de l'administration financière sont en dehors de notre sujet ; disons cependant qu'elles sollicitaient une réforme tout aussi radicale que les revenus publics.

L'Assemblée ne voulut conserver aucune de ces impositions territoriales ou personnelles ; elle en autorisa seulement la perception jusqu'au moment où elle y aurait substitué un système de contributions plus en harmonie avec les principes politiques dont elle était animée. Obéissant aux grandes idées philosophiques du xviiie siècle, soutenue par les principes libéraux de la nouvelle école, elle avait proclamé l'égalité de tous, l'abolition des vieilles distinctions ; d'une nation de privilégiés, elle avait fa un peuple de citoyens. Avec l'inégalité devant la loi, devait disparaître l'inégalité devant l'impôt. La nuit mémorable du 4 août 1789 avait vu décréter à la fois la suppression des privilèges et des droits féodaux, le rachat des dîmes, l'égalité de l'impôt. Le 15 mars 1790, les droits de péage, les droits sur les boissons, les tailles, les corvées disparurent, suivis bientôt après dans leur chute de la capitation et des vingtièmes. Le décret du 21 mars 1790 abolit les gabelles ; celui du 2 mars 1791 supprima les aides, les marques, les jurandes et maîtrises ; enfin le monopole du tabac fut aboli par le décret du 20 mars. Ainsi plus de services personnels ; ils sont contraires à la liberté, à la dignité de l'homme ; plus de ces redevances qui les avaient en partie remplacés, et dont le caractère principal est, outre une grande inégalité, des frais considérables de perception et une foule de vexations pour le contribuable.

Pour donner à ces grands principes une garantie qui en assurât la durée, l'Assemblée les écrivit en tête de la Constitution. La contribution « doit être également répartie entre tous les citoyens, en raison de leurs facultés (1). » Ainsi elle repoussait les théories de l'impôt progressif, impôt qui n'est propre qu'à décourager l'homme laborieux et à l'arrêter sur la voie de la fortune, impôt dont le moindre vice serait une intolérable inquisition. Ce

(1) Const. 3-14 septembre 1791. Préambule.

n'était pas encore assez pour elle d'avoir détruit l'inégalité, d'avoir rassuré les citoyens contre la création d'un impôt odieux; elle voulut qu'aucun impôt ne fût plus prélevé sans le consentement du peuple entier agissant par ses mandataires légaux, qui seuls seraient chargés de répondre sur l'étendue des sacrifices qu'il pourrait faire. Il n'y avait là qu'une application naturelle du nouveau principe de la souveraineté du peuple. L'Assemblée fit du vote de l'impôt un des attributs de la puissance législative, et lui délégua exclusivement le pouvoir « d'établir les contributions publiques, d'en déterminer la nature, la quotité, la durée et le mode de perception (1). » Ces trois garanties constitutionnelles de l'égalité de l'impôt, de la proportionnalité de l'impôt, du vote de l'impôt par les représentants de la nation, sont les bases de notre droit politique en matière de contributions.

L'Assemblée ne se contenta donc pas de modifier, d'améliorer les impositions existantes, elle fit table rase. Il lui restait à asseoir sur des bases nouvelles un nouveau système de revenus publics. En 1790, comme aujourd'hui, les ressources de l'Etat pouvaient être divisées en ressources ordinaires et ressources extraordinaires. Nous laisserons de côté les ressources extraordinaires, fournies par les emprunts, les aliénations, les contributions extraordinaires; on ne peut les assimiler à des revenus, dont le caractère essentiel est de se renouveler périodiquement; elles sont par conséquent hors de notre sujet.

Les ressources ordinaires ou revenus de l'Etat provenaient de deux sources: 1° du domaine; 2° des contributions.

§ I. — DOMAINE.

Sous l'ancienne monarchie, le domaine était le patrimoine de nos rois. Déclaré inaliénable par l'ordonnance de 1566, à cause de son affectation aux dépenses publiques, il n'en avait pas moins été l'objet d'aliénations successives, déguisées sous les noms d'échange ou d'engagements.

On distinguait alors 1° le domaine proprement dit, nommé domaine corporel par les légistes; 2° le domaine incorporel. Celui-ci se divisait à son tour en trois classes : droits seigneuriaux; droits domaniaux, tels que

(1) Const. 1791. Chap. 3.

ceux d'amortissement, de franc fief, d'aubaine; droits établis en raison de la police générale qui appartenait au Roi, tels que vente d'offices, etc.

L'Assemblée reconnut que ce domaine dans son intégrité appartenait à la nation, et le nomma domaine national; puis elle le divisa en domaine public et domaine de l'État, le premier comprenant les biens qui, placés en dehors du commerce, ne sont pas susceptibles d'une propriété privée et restent en jouissance commune; le second, composé des biens dont l'État jouit propriétairement comme un particulier. Elle déclara le domaine public inaliénable, le domaine de l'État aliénable sous certaines conditions.

Le domaine public était la source d'une foule de droits de perception; depuis 1789, l'Assemblée abolit successivement la plupart de ces droits, comme droits féodaux. Les droits de bacs et bateaux disparurent les derniers en 1792. Les seuls revenus que l'État pût tirer de l'ancien domaine se trouvaient donc réduits aux produits peu considérables que peuvent donner le domaine public et ceux des biens de l'État qui ne sont pas affectés à un service public. On peut juger du peu de valeur qu'avait conservé le domaine en 1789, par le rapport de Necker au Roi, au mois de janvier 1781, d'où il résulte que le domaine, non compris les forêts, ne rendait au Roi que 1,500,000 livres de revenu. Le produit des forêts était évalué en 1791, à 15 millions (1).

Mais cette partie de la fortune de l'État reçut bientôt un grand accroissement par l'adjonction des biens nationaux : alors l'intervention, jusque là exigée, du législateur pour chaque aliénation devint impossible; plusieurs lois autorisèrent dès lors la vente en masse de ces biens, moins les bois et forêts. Telle est encore aujourd'hui la législation qui nous régit

§ II. — CONTRIBUTIONS PUBLIQUES.

L'Assemblée constituante avait à fonder tout un système de contributions, car elle n'avait rien laissé debout en matière de finances. Dans ce travail, il est facile de distinguer l'influence qu'exercèrent les théories des économistes du XVIII° siècle. Cette école, dont Quesnay est le fonda-

(1) Rapport au comité des contributions, 24 mai 1791.

teur, et qui comptait parmi ses partisans les Condorcet, les Turgot, les Condillac, faisait consister toute la richesse dans le revenu de la terre, à laquelle seule elle attribuait un pouvoir créateur. Selon ces économistes, le cultivateur seul peut obtenir un produit net, parce qu'il apporte à la société plus qu'il n'a consommé, tandis que le manufacturier n'obtient qu'une augmentation de valeur représentant ce qu'il a consommé. Aussi Quesnay avait-il proposé d'abolir toutes les contributions et de leur en substituer une seule directe, sur le produit net ou rente de la terre.

Quelque erronée que paraisse aujourd'hui cette théorie, l'Assemblée ne semble pas l'avoir tout à fait repoussée. En même temps qu'elle supprimait tous les impôts de consommation, elle portait l'impôt foncier à 240 millions, somme si énorme, que depuis cette époque, malgré les temps désastreux par lesquels la France a passé, elle a été diminuée, on peu dire, d'année en année, jusqu'en 1823. A cette époque elle se trouvait fixée à 154,681,351 fr. en principal, chiffre qui n'a pas jusqu'à la loi de 1835.

Cela posé, quelles étaient les diverses natures de revenus substitués par l'Assemblée constituante aux anciennes contributions?

Les aperçus des recettes et dépenses de l'Assemblée constituante n'avaient pas la division méthodique de nos budgets; on y procédait par nomenclature. La division des impôts directs et indirects était à cette époque purement nominale; l'administration ne les distinguait nullement. Sous le nom uniforme de contributions publiques, l'Assemblée comprenait : 1° la contribution foncière; 2° la contribution mobilière; 3° les droits de patente; 4° les droits de timbre et d'enregistrement; 5° les douanes nationales; 6° les poudres et salpêtres; 7° les postes et messageries; 8° la fabrication des monnaies; 9° les loteries.

1° Contribution foncière.

La contribution foncière fut assise sur le revenu net de toutes les propriétés bâties ou non bâties; elle fut, par la loi du 23 novembre 1790, substituée à la dîme, à la taille, à la capitation et aux vingtièmes, et dut être perçue en nature. La répartition en offrit de grandes difficultés, dans les détails surtout : on se contenta d'évaluer tous les immeubles de France à la somme de 1,200 millions, qui furent la base d'un impôt foncier de 240 millions en principal. L'Assemblée, après avoir elle-même fixé le contingent de chaque département, confia aux administrations locales des départements, des districts, des communes, le soin de faire la sous-répartition ; mais nulle base exacte d'évaluations n'existait, et il fallut prendre les bases incertaines de l'ancienne contribution des vingtièmes pour le nouvel impôt. C'est alors que, prompte à adopter toute idée d'amélioration, l'Assemblée décréta la formation du cadastre, sans prévoir quels travaux, quel temps exigerait l'exécution d'une telle entreprise et quelles oppositions elle éprouverait de la part des communes favorisées dans la taxation irrégulière de l'ancien système, oppositions que Napoléon lui-même n'a pas pu vaincre. Nous venons de voir à quelle somme (240,000,000 liv.) fut alors porté le principal de cette contribution, surcharge évidente qui fut depuis l'objet de dégrèvements successifs.

2° Contribution mobilière.

Après avoir frappé d'un impôt uniforme tous les immeubles, l'Assemblée nationale voulut atteindre également les autres biens, meubles, rentes, capitaux de toute sorte. Mais l'établissement d'une base uniforme offrait des difficultés qu'elle n'avait pas rencontrées dans l'assiette de la contribution foncière. Où était la matière imposable ? Comment la trouver ? Comment en constater l'existence sans inquisition ? Ces questions délicates donnèrent naissance à des plans nombreux et très-divers.

On s'arrêta à la base la plus apparente, la plus facile à saisir, au loyer d'habitation ; mais en suivant une gradation fondée sur ce principe, que chacun met dans son loyer une part proportionnelle d'autant plus forte de son revenu, que ce revenu est plus faible. La taxe n'était payée que sur la principale habitation, système changé par la loi du 26 mars 1831, qui a assujetti à l'impôt toute habitation meublée. Une autre difficulté se présentait : c'était de fixer ce que pouvait rendre à l'État cette nouvelle contribution ; pour y parvenir, on chercha à établir un rapport entre la valeur des immeubles et celle des capitaux mobiliers, et l'on crut pouvoir fixer un cinquième, comme la proportion à peu près exacte entre ces dernières ressources et les premières : l'imposition fut donc de 60 millions. Mais, «afin d'assurer dans tous les cas le complément de la contribution nécessaire aux besoins publics, elle (l'Assemblée) ajoutait à la cote des facultés mobilières trois branches de contributions (1). » La première de ces taxes était calculée sur le prix de trois journées de travail et frappait sur tous les citoyens actifs. Reste de l'ancienne capitation, mais sans l'arbitraire et les inégalités qui l'accompagnaient autrefois, elle avait les avantages d'une assiette uniforme et d'une répartition facile. La seconde de ces taxes était basée sur les domestiques et les chevaux non employés à l'agriculture : véritable impôt somptuaire, d'une assiette et d'une répartition difficiles, son moindre inconvénient était de faire disparaître la matière qu'il avait pour but d'atteindre. La troisième devait porter également sur les propriétaires de biens fonds et sur les propriétaires de capitaux mobiliers; c'était une cote d'habitation, fixée au trois-centième du revenu, évalué d'après le loyer et suivant la gradation indiquée plus haut. Appliquées en 1791, ces diverses taxes donnèrent des résultats si imparfaits, qu'en 1792 de nouvelles combinaisons furent tentées; et devinrent bientôt elles-mêmes l'objet de fréquentes modifications. La répartition entre les départements, districts et communes, de la contribution mobilière, se faisait suivant le mode adopté pour la contribution foncière.

3° *Droits de patentes.*

Après avoir, par le décret des 2-17 mars 1791, aboli les maîtrises et jurandes, et les droits qui s'y rattachaient, l'Assemblée créa les patentes. « Elles sont jointes, disait l'adresse à la nation, du 24 juin 1791, à un grand avantage bien longtemps désiré, celui d'établir pour tout le monde la liberté de toute espèce d'industrie et de commerce, et de proportionner l'impôt qu'on se voit dans la nécessité d'y attacher, à la durée du temps pendant lequel on s'y livre, comme à l'importance des capitaux qu'on y emploie et des profits qu'on en retire, qui se manifestent par l'étendue,

(1) Adresse de l'Assemblée nationale aux Français, 24 juin 1791.

la beauté et le prix du logement, de l'entreprise et de l'entrepreneur. » Comme on le voit, la base de l'impôt était la valeur locative de l'habitation et des boutiques, magasins, etc., occupés par le patentable. Quelques exceptions étaient fondées sur l'intérêt des agriculteurs, des ouvriers, des fonctionnaires publics, etc... Des exemptions de partie du droit étaient accordées à certaines industries : une loi du 9 octobre 1791 distingua, suivant les professions, les demi-patentes, les patentes simples, les patentes supérieures. En 1791, on portait à 659,712 le chiffre total des individus soumis à la patente, et on espérait que le Trésor recevrait 20 millions; mais dans de fait la somme perçue se trouva fort inférieure.

L'Assemblée avait prévu le cas où, dans le courant d'une année, il serait nécessaire de subvenir, soit au déficit des autres impositions, soit à des besoins locaux. Il y était pourvu, suivant un usage de l'ancienne monarchie, par une certaine quotité de sous additionnels. Dès le principe de l'établissement de la contribution foncière, cette marche avait été reconnue nécessaire ; mais elle ne fut généralisée et régularisée que par des lois postérieures. Les 4 sous pour livre additionnels étaient évalués, en 1791, à la somme de 60 millions de livres.

Parcourons maintenant les différents impôts qui, dans notre système actuel, seraient rangés dans la classe des contributions indirectes.

4° Droits de timbre et d'enregistrement.

Sous cette dénomination unique fut comprise la réunion de seize des anciens droits sur les actes. (Décret du 19 décembre 1790.) La perception en fut confiée à une régie spéciale. Le produit en était évalué, en 1791, à 77 millions de livres.

5°. Douanes nationales.

Au milieu de la réforme générale, l'Assemblée constituante reconnut l'inconvénient des tarifs partiels, et, pour ramener tout à une unité commune, elle brisa les barrières élevées à l'entrée de chaque province, et décida, le 1er février 1791, qu'il serait fait un tarif uniforme pour toutes les frontières de la France. Une régie des douanes fut chargée de la perception suivant ce nouveau tarif, qui servit de règle jusqu'en 1816. Le revenu des douanes, en 1791, était estimé 20,700,000 livres.

6° *Poudres et salpêtres.*

Cette branche de l'administration fut soumise par l'Assemblée constituante à un long examen; le résultat fut que l'intérêt public exigeait que ces produits fussent assujettis à un régime particulier. En conséquence, elle déclara, par l'art. 1er de la loi des 23 septembre — 19 octobre 1791, que « la fabrication et la vente des poudres continueraient d'être exploitées et régies pour le compte de la nation, » et que le commerce du salpêtre serait exclusivement réservé à la régie. Cette branche de revenus était estimée, en 1791, à la somme de 1 million de livres.

7° *Postes et messageries.*

Ce service, dont l'Etat avait gardé le monopole, afin d'assurer la régularité dans le port des lettres, figurait, dans l'aperçu des recettes de 1791, pour la somme de 12 millions de livres.

8° *Fabrication des monnaies.*

La sécurité publique exige que le gouvernement seul puisse, en s'attribuant le droit exclusif de la fabrication des monnaies, donner une garantie de leur valeur, garantie essentielle que l'industrie particulière ne saurait leur imprimer.

Depuis Philippe de Valois, au roi seul appartenait le droit de battre monnaie; l'Etat hérita de ce droit régalien en 1789, et conserva ce monopole, dont le bénéfice était estimé 500,000 livres en 1792.

9° *Loterie.*

L'Assemblée constituante conserva la loterie royale de France, seule autorisée depuis 1776. Cet impôt, qui reposait sur l'ignorance et la cupidité de la multitude, était porté par prévision, en 1791, au chiffre de 10 millions de livres.

Nous passons sous silence quelques autres revenus moins importants ou accidentels qui par conséquent ne se rattachent pas à un système général de revenus publics.

Dans le rapport présenté au comité des contributions, le 24 mai 1791, l'ensemble des revenus pour l'année 1791 était évalué à 584,100,000 livres.

DEUXIÈME PARTIE.

Système des revenus publics au 1er janvier 1848.

Les grands principes qui avaient guidé l'Assemblée constituante lorsqu'elle organisait un nouveau système de revenus publics, sont encore ceux qui président à notre système actuel. Les règles qu'elle a posées en matière de domaine national, les garanties qu'elle a données aux citoyens en matière de contributions nous régissent encore aujourd'hui.

Les ressources de l'État se divisent, comme nous l'avons déjà vu, en ressources ordinaires et ressources extraordinaires. Les premières étant seules productives de revenus doivent seules nous occuper; elles se composent : 1° du domaine national ; 2° des contributions publiques.

§ Ier. — DOMAINE NATIONAL.

Suivant la division créée par l'Assemblée constituante, le domaine national comprend le domaine public, le domaine de l'État.

1° Domaine public.

Les produits qui peuvent en être retirés en argent sont peu importants, si l'on ne considère que le prix de location de certaines dépendances des fortifications, la coupe des foins, etc..., dont la somme s'élève à peine à 500,000 fr. par an; mais on peut y ajouter le revenu des droits de pêche, etc..., dont il sera question plus bas parmi les droits incorporels de l'État.

2° Domaine de l'État.

La portion du domaine national désignée plus spécialement sous le nom de domaine de l'État, comprend des immeubles, des meubles, des droits incorporels

Les immeubles se divisent en deux branches : immeubles affectés à un service public, et immeubles non affectés à un service public. Ces derniers sont seuls productifs de revenus ; ils se composent d'établissements thermaux, de salines, de bois et forêts, d'édifices, etc. Le seul produit de la coupe des bois figure au budget de 1848 pour la somme de 33,548,500 fr., celui des établissements spéciaux régis ou affermés par l'État est porté au chiffre de 1,073,690 fr.

La direction de l'enregistrement et des domaines et celle des eaux et forêts au ministère des finances, se partagent l'administration de cette branche de revenus publics.

La richesse mobilière de l'État s'est considérablement accrue depuis 1789 ; elle a aujourd'hui une immense valeur ; elle comprend en effet nos arsenaux, tout le matériel de la guerre et de la marine ; les bibliothèques, les musées, etc... Mais comme elle ne figure au budget que dans la partie des dépenses, nous nous contenterons de l'avoir mentionnée.

Les droits incorporels appartenant à l'État sont : le droit de pêche dans les fleuves, rivières et canaux navigables et flottables ; les droits de bacs et de passages d'eau ; les péages sur les ponts ; les péages pour la correction des rampes des routes nationales, et le droit de chasse dans les forêts nationales.

C'est là un source de revenus que l'Assemblée constituante avait négligée, comme un souvenir féodal ; mais des lois successives les rétablirent. Aujourd'hui, tous ces produits forment, au budget de 1848, une somme de 3,069,200 fr.

Le recouvrement de tous ces droits est confié, sous la haute administration du ministre des finances, à la direction de l'enregistrement et des domaines.

§ II. — CONTRIBUTIONS PUBLIQUES.

Le système de l'Assemblée constituante en matière d'impôt a été gravement modifié. Cherchant, dans des vues politiques autant qu'économiques, à atteindre les propriétaires, elle avait grevé d'un impôt énorme (240 millions) la propriété foncière, et avait, d'un autre côté, supprimé les impôts de consommation; elle n'arriva qu'à ce résultat, d'arrêter l'essor de l'agriculture par une charge évidemment exorbitante. Aujourd'hui d'autres principes ont prévalu : non seulement des impôts basés sur la consommation ont été rétablis, mais on a cherché à les varier, à les présenter sous toutes les formes, seul moyen d'atteindre un plus grand nombre de personnes et d'effrayer moins le contribuable. Ce qu'on a conservé de ce système, ce sont les trois garanties qu'il a données aux citoyens : le libre consentement à l'impôt par leurs mandataires légaux, la généralité de l'impôt, sa proportionnalité. (Constitution, 4 novembre 1848, art. 15 et 16.)

Maintenant les contributions publiques se divisent en deux classes principales : les contributions directes, les contributions indirectes. Il faut y ajouter un certain nombre de taxes assimilées, soit aux contributions directes, soit aux contributions indirectes, et désignées dans le langage administratif sous le nom de produits divers.

Nous avons vu que l'Assemblée constituante ne faisait pas, dans les aperçus de recettes qui tenaient lieu de notre budget actuel, la distinction fondamentale des impôts directs et indirects, et confondait l'administration de ces deux branches de revenus. Aujourd'hui, des administrations distinctes régissent ces deux natures d'impositions.

1° Contributions directes.

Les contributions directes sont ainsi nommées parce qu'elles frappent *directement* sur la personne, en vertu d'un rôle nominatif. Il y en a quatre principales : la contribution foncière, la contribution personnelle et mobilière, la contribution des portes et fenêtres, la contribution des patentes. Des taxes diverses leur sont assimilées. Les trois premières sont des impôts de répartition, dont la somme, fixée d'avance au budget, est divisée entre les contribuables; la dernière est un impôt de quotité, dont la somme, connue seulement après la recette, se compose de toutes les perceptions faite en vertu de tarifs préexistants.

A. — *Contribution foncière.*

L'assiette de là contribution foncière est la même que sous l'Assemblée constituante; cet impôt porte encore aujourd'hui sur tout immeuble bâti ou non bâti; les degrés de répartement et de répartition entre les différentes parties du territoire sont encore les mêmes, mais on a remédié à plusieurs vices de la répartition entre les contribuables. D'après la loi de 1791, les administrations locales dressaient les rôles sans que le pouvoir central eût action sur elles; il en résulta des retards devenus impossibles avec la loi actuelle, qui donne au préfet le pouvoir de répartir lui-même l'impôt, en cas de négligence ou de mauvais vouloir des corps chargés de cette mission; en outre, à cette époque, les bases de la répartition entre les contribuables étaient aussi fausses que sous le régime des vingtièmes; aujourd'hui, malgré des résistances locales, le cadastre est à peu près terminé. La contenance, la nature, le revenu net de chaque parcelle du territoire, sont fixés, classés, évalués; aussi, l'on peut dire que la France est le pays où l'impôt foncier est réparti avec la plus grande exactitude, la plus grande égalité.

Des exemptions totales ou partielles sont admises en faveur de l'État, de l'agriculture ou de l'industrie.

Depuis 1790 jusqu'en 1835, les contingents n'avaient subi que des dégrèvements; depuis 1836, le contingent de chaque année varie à raison des usines ou maisons nouvellement construites, reconstruites ou démolies. Au 1er janvier 1848, ce contingent était fixé, en principal seulement, à 158,725,000 fr., ce qui présente une diminution de plus de 80 millions sur le contingent de 1791.

B. — *Contribution personnelle et mobilière.*

Les bases de cette contribution ne sont plus les mêmes que celles de la contribution mobilière de 1791; la plus grande différence consiste dans le retranchement des taxes somptuaires qui y étaient jointes à cette époque. Un double inconvénient excitait le législateur de 1806 à les abolir définitivement: elles étaient inquisitoriales et impopulaires; et de plus elles ne frappaient que les grandes fortunes, très-rares en France.

Deux taxes la composent: la taxe personnelle qui a pour base la valeur de trois journées de travail, fixée par le conseil général dans chaque département, et qui frappe sur chaque habitant du territoire; la taxe mobilière, basée, d'après la valeur du loyer, sur la fortune mobilière des citoyens non réputés indigents. Ici se présente une autre différence entre l'assiette adoptée en 1791 et l'asiette actuelle de cette contribution: au lieu de ne porter que sur la principale habitation, elle frappe aujourd'hui toute habitation meublée. (Loi 26 mars 1831.)

Depuis la loi de 1844, le recensement des valeurs locatives est permanent et fait varier le contingent à répartir entre les départements, arrondissements et communes. En 1848, le contingent était en principal de 34,460,000 fr.

Les communes peuvent être autorisées par une ordonnance à rejeter tout ou partie de cette contribution sur le produit de leurs octrois.

C. — *Contribution des portes et fenêtres.*

Cette contribution, créée, à l'imitation du *Window-Tax* des Anglais, en frimaire an VII, était inconnue de l'Assemblée constituante; elle semble avoir été destinée à remplacer les taxes somptuaires de la contribution mobilière de 1791, dont le recouvrement, malgré des modifications successives, présentait des difficultés presque insurmontables.

Cet impôt a pour base l'aisance apparente, présumée d'après le jour et l'air que reçoit chaque habitation; il est assis sur toute ouverture donnant sur les rues, cours ou jardins d'après une triple base: la population, le nombre d'ouvertures, le nombre des étages. La loi accorde certaines exemptions à l'Etat, à l'agriculture et à l'industrie manufacturière. La nature de cet impôt est double: pour le Trésor, c'est un impôt de répartition; pour le contribuable, on peut dire que c'est un impôt de quotité en ce sens que chaque article de la matière imposable est frappé d'après un tarif; ces deux caractères sont conciliés par une révision permanente qui

3

permet de fixer le contingent de chaque département, au prorata des changements annuels survenus dans la quotité de la matière imposable En 1848 le contingent total était, en principal seulement de 24,542,000 fr.

D. — *Contribution des patentes.*

La contribution des patentes, destinée, par l'Assemblée constituante, comme nous l'avons déjà dit, à remplacer les droits sur les jurandes et maîtrises, a subi depuis cette époque de graves modifications. Au lieu d'un seul droit, deux droits distincts la composent aujourd'hui : un droit fixe, un droit proportionnel. (Loi 25 avril 1844.)

Le droit fixe est établi suivant trois catégories : 1° eu égard à la population, d'après un tarif général pour les industries comprises dans un premier tableau ; 2° eu égard à la population, d'après un tarif spécial pour les industries comprises dans un second tableau ; 3° sans égard à la population, pour une troisième classe d'industries. Le droit proportionnel est basé, comme en 1791, sur la valeur locative de l'habitation du patentable et des magasins, boutiques, etc., servant à l'exploitation du fonds. On ne paie jamais qu'un seul droit fixe, on doit payer plusieurs droits proportionnels si l'on a plusieurs exploitations, ceux-ci étant destinés à faire contribuer le patentable selon l'extension qu'il a donnée à son industrie. En attendant l'époque des révisions des tableaux annexés à la loi, révisions qui doivent avoir lieu tous les cinq ans, les industries nouvelles sont classées par analogie. De même qu'en 1791, certaines professions, énumérées dans la loi de 1844, sont exemptées du droit de patente.

En 1848, le principal de cette contribution était évalué à 36 millions.

Des centimes additionnels au principal des quatre contributions directes. — Le système des sous additionnels adopté par l'Assemblée constituante est la base des centimes additionnels, ajoutés aujourd'hui au principal des contributions directes ; mais l'emploi en a été régularisé et étendu. Le budget comprend maintenant : 1° des centimes additionnels généraux sans affectation spéciale, versés avec le principal dans les caisses de l'État ; 2° des centimes additionnels pour dépenses départementales ; 3° des centimes pour secours en cas de grêle, incendie, inondation et autres cas fortuits; 4° des centimes additionnels pour dépenses communales ; 5° des centimes additionnels pour former le fonds destiné à couvrir les non-valeurs des quatre contributions directes. Les centimes sans affectation spéciale figurent au budget de 1848 pour une somme de 41,098,936 fr.; le total des centimes additionnels y est porté à 167,310,066 fr.

Les contributions directes en principal et centimes additionnels montent à 420,669,956 fr.

Les taxes assimilées aux contributions directes sont : les taxes universitaires, les redevances sur les mines, les taxes pour l'entretien des bourses de commerce, les taxes pour travaux d'utilité commune, les taxes pour la vérification des poids et mesures, les prestations pour les chemins vicinaux. Le nom de taxes assimilées leur vient de ce que le recouvrement s'opère comme celui des contributions directes. Les produits universitaires seuls étaient évalués, en 1848, à 2,406,276 fr.

Les contributions directes sont placées sous l'administration du ministre des finances; l'assiette en est confiée à la direction des contributions directes; le recouvrement à celle de la comptabilité générale.

2° Contributions indirectes.

Les contributions indirectes sont celles qui frappent *indirectement* sur la personne, et seulement lorsqu'elle fait usage de l'objet taxé. Cette branche de revenus est fondée surtout sur la consommation, que l'Assemblée constituante n'avait voulu admettre comme base d'aucun impôt; elle repose également sur les transports, les monopoles ou les actes auxquels elle donne des garanties. Pour pouvoir analyser avec quelques détails ces différentes classes de contributions indirectes, un volume suffirait à peine: aussi nous trouvons-nous obligé de les parcourir rapidement, et de n'en donner que les résultats généraux.

On peut fixer à 14 le nombre de nos contributions indirectes : l'impôt sur les boissons; les droits d'octroi; l'impôt sur les sels; l'impôt sur le sucre indigène; les droits sur les voitures publiques; les droits de navigation; les droits de garantie sur les matières d'or et d'argent; l'impôt sur les cartes à jouer; les droits de douane; les droits de timbre; les droits d'enregistrement; les monopoles des poudres, des postes et du tabac. L'impôt immoral de la loterie a été supprimé en 1836.

L'impôt sur les boissons se compose de plusieurs droits différents : droits de circulation, d'entrée, de détail pour les vins, cidres et poirés; droit de consommation pour les eaux-de-vie et esprits; droit de fabrication pour la bière; en outre, un droit de licence est imposé comme supplément de patente à tous les commerçants en boissons. Le produit de tous ces droits était évalué au budget de 1848, à 103,603,000 fr.; le produit des droits de consommation sur les sels, à 71,499,000 fr.; celui des droits sur les sucres indigènes, à 20,840,000 fr.; le produit de la vente des tabacs, à 120,000,000 fr.; le produit de la vente des poudres, à 6,863,000 fr. — La perception de ces divers produits appartient à la direction des contributions indirectes, au ministère des finances.

Les douanes, qui sont dans les attributions d'une direction spéciale du même ministère, et dont les produits sont augmentés par la perception confiée à cette direction des droits de navigation et de droits divers, figuraient dans le budget de 1848 pour un produit total de 163,959,000 fr.

Les droits d'enregistrement et de timbre, perçus par l'administration de l'enregistrement et des domaines, étaient évalués à un produit de 256,880,000 fr. Le produit des postes, perçu par l'administration même des postes, était évalué à une somme de 51,758,000 fr.

On voit par cette simple énumération que l'Assemblée constituante en supprimant les impôts de consommation, s'était privée de la branche la plus productive des contributions indirectes, et il suffit de comparer les chiffres de 1791 et de 1848, pour juger du mouvement immense imprimé depuis la paix au commerce et aux transactions.

En résumé, le budget de 1848 évaluait le produit total des contributions indirectes (non compris le domaine), à 838,692,000 fr.

Produits divers du budget. — Sous ce titre sont compris de nombreux produits qui ne rentrent ni dans le domaine, ni dans les contributions directes ou indirectes; leur nature n'a rien d'uniforme; leur perception appartient à plusieurs administrations. Les uns ont un caractère permanent : tels sont les bénéfices sur la fabrication des monnaies, la taxe des brevets d'invention, les pensions des élèves de plusieurs écoles, etc.; les autres ont un caractère accidentel : ainsi les produits de dépôts faits à la poste et non réclamés dans les délais légaux, etc. L'ensemble de ces produits figure au budget de 1848 pour une somme de 19,685,400 fr.

Ici se termine l'aperçu que nous nous étions proposé de présenter sur les différentes parties dont se compose aujourd'hui le budget des recettes (ordinaires) de l'État, évaluées en 1848 à 1,370,978,010 fr.

Des différences de détails distinguent , comme on vient de le voir , le système adopté pour les revenus publics en 1791, du système suivi en 1848; des améliorations, fruit du temps et de l'expérience, se sont peu à peu introduites ; le repos rendu au commerce et à l'agriculture a donné à certaines branches de revenus une importance que personne alors ne pouvait soupçonner; mais il est juste de reconnaître que c'est à l'Assemblée qui venait d'inaugurer en France l'ère de la liberté, que nous devons les grands principes de nos revenus publics et toutes les garanties qui nous protégent contre le retour des abus qu'elle a déracinés.